MUNDO REAL 101: GUIA DEL ESTUDIANTE

MUNDO REAL 101: GUIA DEL ESTUDIANTE

Alcott Germany II

CITI OF
BOOKS

CITIOFBOOKS, INC.
3736 Eubank NE Suite A1
Albuquerque, NM 87111-3579
www.citiofbooks.com

Hotline: 1 (877) 389-2759
Fax: 1 (505) 930-7244

Información sobre pedidos:

Ventas por cantidad. Las empresas, asociaciones y otras entidades pueden beneficiarse de descuentos especiales en la compra de cantidades. Para más detalles, póngase en contacto con el editor en la dirección arriba indicada.

Impreso en los Estados Unidos de América.

ISBN-13:	Libro de Bolsillo	978-1-960952-40-0
	Libro electrónico	978-1-960952-41-7
	Tapa dura	979-8-89391-129-9

Número de control de la Biblioteca del Congreso: 2023910806

DEDICATORIA

Este libro está dedicado a todos aquellos que me enseñaron a creer en un día mejor.

Queridos Padres,

Mundo Real 101: Guía del Estudiante es un debate escrito entre el lector y el autor sobre el tema del "mundo real" y lo que eso debería significar para los estudiantes que en la actualidad se limitan a seguir la rutina de levantarse e ir a la escuela. Cuando los estudiantes empiezan a ver la repetición de las tareas escolares, las notas y las actividades extraescolares, la motivación para seguir rindiendo a un alto nivel empieza a desvanecerse. Esto no difiere en absoluto del comportamiento que muestran los adultos con tareas repetitivas en el trabajo. Los estudiantes verán que las aplicaciones prácticas de las materias escolares están estrechamente relacionadas con su propia experiencia e intereses personales. Ver esta relación motiva a los estudiantes a mantener un alto nivel de implicación dentro y fuera del aula para aprender sobre el mundo que les rodea.

Esta guía del estudiante se divide en tres partes: "¿Para qué sirve esto?" "¿Y ahora qué?" y "¿Y ahora qué sigue?". "¿Para qué sirve esto?" es un diálogo entre el estudiante y el autor en el que se discuten los estereotipos de algunas de las asignaturas más escudriñadas entre los estudiantes: matemáticas, estudios sociales, ciencias y artes. Estas secciones presentan a los estudiantes las aplicaciones reales de estas materias en su mundo. Cuando se despeja la incógnita sobre cómo son estas asignaturas para un estudiante, el autor y los estudiantes pasan a explorar la pregunta "¿Y ahora qué?". Por último, concluyen con "¿Y ahora qué sigue?", que echa un rápido vistazo al plan de juego del estudiante más allá de la experiencia de aprendizaje. Demasiadas veces se transmite a los estudiantes el mensaje de que el éxito escolar debe ser su objetivo principal, dejándoles sin medios para comprender lo que todo este aprendizaje les está llevando a saber.

Pregúntate, ¿qué aspecto tiene la victoria para una mente culta?

Este libro está diseñado para ser una lectura breve y divertida para los estudiantes que les permitirá desarrollar un estado mental eficaz para comprender lo que significa aprender. Lo que queremos para nuestros estudiantes es que tengan las habilidades necesarias para tomar decisiones eficaces, de modo que puedan tener el control de sus vidas y no depender demasiado del éxito de las generaciones pasadas. Utilizando este libro, los estudiantes verán que están en condiciones de ser más que capaces de cambiar el mundo real para mejor, pero deben darse cuenta de los escenarios del mundo real en los que residen ahora antes de que estos cambios puedan ocurrir.

Gracias por tu tiempo y tu apoyo.

Atentamente,

Alcott Germany, II

Alcott Germany, II

Author

"Cuando logras grandes cosas, la gente espera grandeza. Pero no importa lo que esperen los demás, el deseo de triunfar debe venir de ti mismo".

-Christa Rothenburger-Luding, Alemania Oriental (Greenspan, 1997, p. 124)

CONTENIDO

El Punto de Partida. 1

¿Para Qué Sirve Esto? 5

   ✐ *Matemáticas*. 7

   ✐ *Ciencias Sociales* 12

   ✐ *Ciencias* 16

   ✐ *Arte* 19

¿Y Ahora Qué? 21

   ✐ *¡A Comenzar!* 22

   ✐ *¿Escuchar Qué?* 24

¿Y Ahora Qué Sigué? 26

Referencia 29

Acerca del Autor 30

EL PUNTO DE PARTIDA

Recuerda tu primera experiencia escolar. Te encuentras con edificios, aulas y pasillos nuevos que no se parecen en nada a tu casa. Hay nuevos adultos, profesores y otros miembros del personal de la escuela que te vigilan en las aulas y despejan los pasillos, algunos de ellos se parecen a un pariente adulto que conocías y otros tienen un aspecto extraño. Y lo que es más importante, estás rodeado de muchos estudiantes de tu edad con los que relacionarte. A algunos los conoces del barrio, a otros no los habías visto nunca. Te sientes motivado como estudiante porque hay cosas nuevas que hacer aparte de quedarte en casa de alguien y esperar a que alguien vuelva a casa para hacerte compañía. Los deberes son nuevos (así que ahora no son tan malos) y las actividades que se hacen en clase te permiten aprender nuevas ideas que te retan a aprender conceptos básicos esenciales para la vida, como aprender a leer, decir la hora, sumar, restar y, finalmente, multiplicar y dividir.

Algunos de ustedes incluso pueden asistir a escuelas donde el arte, la música y la educación física siguen siendo elementos primordiales del plan de estudios. ¿Recuerdas los ejercicios de pintura con los dedos y las manualidades con pasta hecha de harina y agua que algunos estudiantes incluso se planteaban comerse? ¡Vaya! Algunos estudiantes estaban entusiasmados con el recreo (clase de gimnasia), mientras que otros pueden recordar haber cogido un instrumento para tocarlo por primera vez y comenzar un nuevo compromiso con la música y con la banda del colegio. En aquella época, la escuela era nueva, los estudiantes eran nuevos, las actividades extraescolares eran todas nuevas. Sí, te veías diciendo que la escuela era sin duda el lugar donde había que estar.

Sin embargo, a medida que pasaba el tiempo, las tareas se volvían repetitivas; se pedía a los estudiantes que hicieran interminables redacciones, proyectos y presentaciones. Los horarios escolares obligan a los estudiantes a asistir a clase casi todo el año. Al cabo de un tiempo, uno empezaba a esperar con impaciencia las vacaciones de invierno, las de primavera, las de otoño y cualquier otra nueva que se inventara. La escuela empezó a ser más una tarea que una divertida experiencia de aprendizaje. La "novedad" de la escuela que te motivaba a ir a la escuela y hacía que la escuela fuera divertida para ti y tus compañeros ya no es tan nueva. Las notas que se utilizan para evaluar tu nivel de habilidad pueden o no estar donde tú quieres, por lo que la presión para hacerlo bien en la escuela empieza a afectar también a tu motivación. Tus compañeros, a los que no les va tan bien en la escuela, empiezan a distraerse y a buscar otras cosas que explorar fuera del aula para poder recuperar esa sensación de "novedad". Algunas de estas actividades no son positivas y van en contra de tu educación, incluidas las drogas y la violencia. Más adelante, analizas tus opciones y empiezas a hacerte preguntas y afirmaciones basadas en tu situación, preguntas como: "Entonces, ¿para qué voy a la escuela?". "¿Para qué sirve todo esto?" "Conozco a gente a la que no le va tan mal sin ella" y "Quizá esto no sea para mí".

A medida que sigas leyendo, verás que todas estas son preguntas que pueden responderse y afirmaciones que pueden rebatirse. También es importante saber que son grandes preguntas que la gente, especialmente los estudiantes, debería hacerse. Deja que este libro te sirva de guía para equiparte con la verdad, de modo que al final puedas rebatir todas estas afirmaciones utilizando tus propias palabras y pensamientos. Esta lectura no se ha hecho para ser larga (no es un libro de texto). Los temas que tratamos están pensados para proporcionarte temas del mundo real que relacionen lo que ves en clase con tu entorno y cómo éste se relaciona con tus propios intereses personales. ¿Por qué? Para que no tengas que centrarte en lo que ya se ha hecho y revivir los errores del pasado. Lo que la sociedad necesita son nuevas ideas para el futuro, cosas que no se hayan pensado o hecho antes. Aprender sobre los logros y los errores del pasado es lo que te permitirá dedicar tiempo a nuevas ideas para el futuro, lo que significa que podrás centrarte en las cosas que te hacen especial. Sin embargo, antes de que esto ocurra, tienes que aprender lo básico. ¿Listo para empezar? Muy bien. Vamos allá.

¿PARA QUE SIRVE ESTO?

Para ser capaz de ver cómo tus intereses se vinculan a los objetivos de rendimiento académico y al mundo que te rodea (también conocido como "el mundo real") hay que empezar por comprender bien qué es lo que estás aprendiendo en realidad. ¿Para qué te servirán estas asignaturas? ¿Estas asignaturas son sólo para determinadas personas? Cuando hayamos terminado, la respuesta final a estas dos preguntas la darás tú. A la hora de investigar la verdad, las mejores fuentes son las informadas; los profesores e incluso los padres pueden ayudar. Tomar decisiones basándose en malas fuentes es similar a los rumores que se difunden en la escuela (ya sabemos cómo son). Así que echemos un vistazo a la verdad sobre un par de temas. Empezarás a descubrir que hay algunos puntos reales sobre por qué tu viaje educativo es tan importante.

✎ *Matemáticas*

Como estudiante, era importante para mí establecer una conexión con el material para poder tener éxito a un nivel aún más alto. En clase, me oía hacer preguntas como:

1.   ¿Cómo ayuda la suma y la resta a la multiplicación y la división?

2.   ¿Qué tiene que ver saber todo eso con ayudarme con Álgebra, Geometría y Trigonometría?

3.   Qué tan inteligente tendré que ser para hacer esto, y ¿es siquiera una posibilidad aprender Cálculo?

4.   Supongamos que aprendo todas estas matemáticas, ¿y luego qué?

Puede que pienses que estas preguntas van a molestar a alguien (a un profesor o a un padre), pero son preguntas normales que hay que hacer. La importancia de hacerse este tipo de preguntas es que te permiten formularte objetivos y un propósito para desarrollar tus habilidades en la materia. Es posible que en algún momento hayas oído decir a tus compañeros (incluso a los adultos): "¿Para qué destacar siquiera en matemáticas después de aprender las funciones básicas (suma, resta, multiplicación, división)?". "¿No vivimos en una sociedad en la que el dinero es lo más importante? Si podemos sumar y restar dinero, entonces ahí deberían acabar nuestras habilidades, ¿no?".

Pensar de esta manera es lo que lleva a los estudiantes a

esforzarse poco en el área de las matemáticas y, sobre todo, en la vida. La verdad sobre las matemáticas es que son el estudio de la lógica, lo que significa que se utilizan para tomar una idea básica y conectarla con algo nuevo a través de una serie de pasos. La lógica básica es algo que la gente practica todos los días. Cuando te vistes, comes, cuentas una historia, intentas explicar a tus padres por qué tu habitación está sucia o a tu jefe por qué deberías recibir un aumento, debes explicárselo de una manera que tenga sentido. Las matemáticas ponen a prueba tus habilidades para demostrar que algo tiene sentido.

Piensa en tu vida actual. Incluso como estudiantes se enfrentan a retos que requieren decisiones y resoluciones rápidas. Las soluciones que mejor te *Imagina que un equipo de la NBA se enfrentara a los veintinueve equipos en los playoffs para ganar el campeonato. ¿Lo verías?* funcionan son las que tienen sentido, es decir, las que siguen una secuencia lógica (¡Ajá! Otra vez la palabra "lógica"). Las matemáticas sólo utilizan números y símbolos (x, y, z ¿los has visto antes?) para desarrollar tus habilidades para resolver problemas. No dejes que las "letras" del álgebra te asusten o te desanimen. Las letras son sólo sustitutos de los números para mostrar que, independientemente del número elegido en un problema, el resultado seguirá siendo el mismo. En realidad, las letras se utilizan para facilitar la resolución de las situaciones o "ecuaciones", de manera que no tengas que repetir la misma secuencia para cada número (¡así tardarás una eternidad!). Piensa en un corredor de atletismo que bate el récord del mundo en una carrera. Se le considera el más rápido hasta que otro corredor bate su tiempo. ¿Crees que sería más fácil para ese corredor correr esa carrera una y otra vez contra todos los corredores del mundo para demostrar que es el más rápido? ¿Jugaría un equipo de baloncesto de la NBA contra los veintinueve equipos en una serie de siete partidos para demostrar que es el mejor? En absoluto. Si lo hicieran, los playoffs serían muy largos y aburridos.

Lo mismo puede decirse del álgebra y de para qué se utilizan las letras en lugar de los números. En realidad se utilizan para reducir la cantidad de trabajo necesario para demostrar un punto. ¿Tiene sentido? Si es así, acabas de seguir mi lógica.

Vayamos un poco más allá. Muchos estudiantes consideran que el cálculo es una asignatura de matemáticas que les intimida. No dejes que **Con sólo usar y hacer la conexión con el álgebra, puedes ejecutar problemas de cálculo a un nivel de logro muy alto.** esto te ocurra. El cálculo en realidad utilizalos conceptos básicos del álgebra para resolver los problemas que se presentan.

La geometría utiliza reglas de medida y formas (triángulos, rectángulos y círculos) para demostrar un punto (pruebas deductivas). Lo que quizá no sepas es que el mismo proceso de pensamiento que se utiliza en estas asignaturas también se utiliza en casa, en la escuela e incluso en un tribunal de justicia. Piensa en alguna ocasión en la que hayas tenido que demostrar algo a alguien. En realidad estabas utilizando el razonamiento deductivo como lo harías en clase de geometría. Lo único que has hecho es sustituir los datos sobre las formas por hechos reales. Otro ejemplo de prueba es el recibo de compra de un restaurante. Un recibo es una prueba escrita para un cliente que muestra el dinero necesario para pagar el servicio de comida. ¿Qué pasa si el recibo está equivocado? ¿Qué pasa si alguien se equivoca en el punto que está tratando de hacer en tu nombre y que sabes que no puede ser cierto? Cuando no tomas la iniciativa de probar tu caso y decides que otros tomen decisiones por ti, el resultado en muchas situaciones no será a tu favor. Demostrar un punto implica dar sentido a lo que crees, que es el mismo enfoque con la resolución de problemas en matemáticas en cualquier nivel.

Comprender las relaciones matemáticas y su relación con el intercambio diario de dinero es lo que te permitirá entender cómo se gana y se gasta el dinero. Los diferentes aspectos del dinero (salario mínimo, impuestos, alquiler e hipoteca) tienen que ver con la estadística, que es algo más que sumas y restas básicas. La estadística es importante a la hora de aprender cómo funcionan los negocios para mantenerse abiertos y crecer hasta convertirse en algunas de las grandes tiendas, cines, restaurantes y otras franquicias que ves hoy en día. Así que la próxima vez que oigas a alguien decir que sumar y restar es todo lo que se necesita para saber cómo administrar el dinero, ahora ya sabes cómo responder.

Lo que acabas de leer aquí son sólo algunos ejemplos de matemáticas y de los tipos de oportunidades que ofrecen en tu desarrollo como estudiante. El objetivo principal de las matemáticas es desarrollar la capacidad de resolver problemas utilizando los números para presentar cómo encajan las ideas. Tus habilidades para tomar decisiones te vendrán rápidamente porque has ejercitado tus habilidades para resolver problemas en la clase de matemáticas. Si la resolución de problemas se convierte en algo natural para ti, tomarás decisiones inteligentes y eficaces basadas en tu propio juicio.

El objetivo de este capítulo no es convertir a todo el que lo lea en un experto en cálculo o en un profesor. Lo que se pretende es que, como estudiante, no te sientas intimidado por los retos y los conceptos erróneos que se plantean sobre las matemáticas y que te hagan perder numerosas oportunidades que te permitirán realizar cambios positivos para ti y para los demás.

✐ *Ciencias Sociales*

Una de las asignaturas favoritas de todos los estudiantes son los estudios sociales. ¿Estoy en lo cierto? De hecho, recuerdo haber hablado de la Revolución Americana y de los primeros nativos

> **"¿Los estudios sociales tratan sobre los puentes terrestres y la liberación de las colonias del gobierno británico?"**
>
> **"¿Qué son los estudios sociales y de qué tratan?"**

americanos que cruzaron el puente de tierra en al menos siete de los doce primeros años de escuela que tuve. Ahora bien, estos fueron acontecimientos significativos en la historia de nuestro país, pero debido a la repetición empecé a perderme la razón por la que este tema era importante. No olvidemos las veces que en mi clase se trató el tema de la Guerra Civil antes de que terminaran las clases en verano, así que aprendimos sobre la guerra contra la esclavitud y la lucha por la igualdad de derechos. Puede que tú no hayas tenido una experiencia como la mía, pero aún así te preguntarás cuál es el propósito de aprender sobre todos estos momentos pasados que tuvieron lugar en nuestro país. Si estos acontecimientos sucedieron en el pasado, ¿qué sentido tiene aprenderlos? ¿Qué tienen que ver todos estos acontecimientos con lo que está ocurriendo ahora?

Los estudios sociales pueden ser la asignatura más importante que se imparte en nuestro sistema escolar porque las interacciones sociales y los comportamientos sociales se producen a diario. Todos los días se ven diferentes comportamientos sociales en las noticias, en Internet y se lee sobre ellos en las revistas. La verdad es que todas las interacciones y comportamientos sociales que vemos hoy en día se basan en los conceptos que se encuentran en los estudios sociales. Los estudios sociales proporcionan lecciones del pasado y del presente para que las personas puedan hacer cambios "sociales" para el futuro.

Lo que es bastante único acerca de los libros de estudios sociales es que realmente podrían publicarse nuevos libros con nueva información cada año. ¿Por qué? Porque la sociedad sigue haciendo cambios históricos cada año. Las decisiones que toman los cargos electos (presidentes, senadores, gobernadores y alcaldes) se basan en la historia de los estudios sociales. Los estudios sociales pueden reformularse fácilmente como "el estudio de nuestra sociedad". Todos los aspectos de la cultura estadounidense que ves y con los que interactúas a diario son un reflejo de nuestra cultura social. Los avances musicales (música clásica, rock & roll, jazz, R&B, hip-hop), la comunicación (Internet, teléfonos móviles, correo electrónico), incluso la moda de diseño son ejemplos de cambios en el entorno social que se ven a diario. Los discursos de líderes célebres y los deportistas que baten récords en diversas pruebas deportivas son acontecimientos históricos significativos que forman parte de la asignatura de estudios sociales.

Los estudios sociales están más cerca de casa de lo que a veces piensas. Los impuestos, los programas escolares y los programas extraescolares son ejemplos de estudios sociales que influyen en tu vida diaria. Hay muchos ciudadanos que aún viven en sus vecindarios locales y que fueron pioneros en la lucha contra la segregación, en la innovación y en la enseñanza de la verdad, todo lo cual contribuyó a mejorar la cultura social de este país.

"¿Por qué entonces", se preguntarán, "tenemos que aprender sobre puentes terrestres y revoluciones?". Sencillamente, porque las acciones y decisiones que se toman hoy se basan en los sacrificios, las normas de gobierno y los descubrimientos de ayer. Aprender de los acontecimientos sociales del pasado condujo a cambios positivos, como acabar con la esclavitud, poner fin a la segregación legal y proporcionar a todos los ciudadanos los mismos derechos de voto. Los estudios sociales demuestran que la vida cambia constantemente, y las normas que la rigen deben cambiar con ella por el bien de la gente. En otras palabras, ninguna ley está grabada en piedra. Esta es la razón por la que tenemos enmiendas para que el Congreso se reúna constantemente para que se hagan leyes en un intento de satisfacer las demandas sociales del pueblo. Si lo que quieres es hacer cambios para los que te importan y los que ves en la sociedad (escuela, casa, iglesia y trabajo), es importante aprender primero los acontecimientos del pasado y las normas de hoy. Cuando estudies estudios sociales, comprende los acontecimientos básicos de lo que ocurrió en el pasado y mira cómo estos acontecimientos se conectan con el presente (suena como la lógica de las matemáticas, ¿recuerdas?). Tomando lo que has aprendido y buscando formas de hacer los cambios que crees necesarios en tu entorno es como nacen las "nuevas reglas" o leyes. La creación de estas "nuevas reglas" comienza con el aprendizaje de los estudios sociales. Ahora ya sabes lo que significa cuando la gente te pregunta: "¿Qué harías si fueras Presidente?".

✐ Ciencias

Pongámonos de acuerdo para no decir obviedades. Podría decir fácilmente que la ciencia te ayudará a convertirte en un gran médico o ingeniero o en algún otro trabajo en el campo de la ciencia.

> *¡Por supuesto que aprender ciencias es importante para una carrera como médico! Hay muchas más formas de utilizar la ciencia que te permitirán tomar mejores decisiones por ti mismo.*

¿Y si tu sueño no es ser científico (científico loco, como se decía antes), ingeniero, arqueólogo o médico? ¿En qué le ayudará entonces la ciencia?

Veamos una situación típica en la que la ciencia aparece en nuestra vida cotidiana. Tomemos por ejemplo una visita al hospital para ti o tus seres queridos. En estos centros, los médicos y las enfermeras toman decisiones para ayudar a solucionar las dolencias de los demás. Los médicos y las enfermeras están ahí para servir a sus pacientes, y puede llegar un momento en que hablen contigo sobre temas de salud,

> *Las cajas de fusibles y los contadores eléctricos del sótano y el patio trasero funcionan con electricidad, un concepto básico de la física*

procedimientos y decisiones importantes que te cambiarán la vida y que querrán que tomes. Comprender lo que tienen que decir, hacer preguntas y saber qué partes del cuerpo se ven afectadas describen el tipo de conversaciones que querrás mantener con ellos. Harán todo lo posible por responder a cualquier pregunta que les hagas. Sin embargo, muchas veces las mejores respuestas sólo se obtienen haciendo buenas preguntas. Tener un conocimiento básico del cuerpo (biología) y de cómo otros organismos y entornos pueden afectarlo (ciencias de la vida, ¡así es!) te ayudará a desarrollar habilidades de supervivencia que te serán útiles en algunos de los momentos más sorprendentes. Los medicamentos recetados para combatir enfermedades o síntomas de enfermedades utilizan terminología de la química. La física se utiliza en el desarrollo de automóviles y para saber cómo cobran las compañías eléctricas por el uso y la reparación de la electricidad en tu casa.

Puedo garantizarte que la mayoría de la gente con una tonelada de luces de Navidad en su puerta (especialmente con efectos musicales) definitivamente utilizó conceptos básicos de física para iluminar las calles.

Estos son sólo un par de ejemplos para que te hagas a la idea de cómo este tema vive a tu alrededor todos los días y para demostrarte que, contrariamente a la creencia popular, las personas que los utilizan son las que puedes considerar "corrientes", y no el estereotipo de genio. Es posible que ya te hayas encontrado con la mayoría de estas experiencias, y estoy seguro de que hay más ejemplos que se te pueden ocurrir a ti mismo. Observando cómo estos ejemplos ocurren con personas que ves a diario, no hay razón para no pensar en ti mismo como capaz de convertirte en un contribuyente de élite al mundo que te rodea. La decisión es tuya.

✐ *Arte*

Hablar de arte es siempre lo más divertido, porque todo gira en torno a la creatividad. La música, la danza, el dibujo y la pintura son ejemplos de las artes. Aprender a reunir ideas en forma de canción, imagen o representación requiere visión e imaginación y tiene una gran repercusión en la cultura social y la estabilidad del mundo. Las artes pueden considerarse realmente como la más infravalorada de todas las asignaturas que se imparten hoy en día.

Un aspecto del "mundo real" que pronto oirás, si no lo habías hecho ya, es la frase "pensar fuera de la caja". Es una frase popular porque esta mentalidad es lo que mantiene a los empresarios y a las franquicias en el negocio. Ingenieros, músicos, trabajadores de la construcción, políticos y padres utilizan este tipo de pensamiento porque a diario surgen problemas inesperados y nuevos retos en la vida. Los ordenadores, los automóviles, los libros, los reproductores MP3, los teléfonos móviles, los anuncios, los programas de televisión y las películas utilizan ideas "fuera de la caja" para crear experiencias nuevas y emocionantes para la gente. ¿Recuerdas aquella conversación del primer día de colegio sobre lo mucho que te entusiasmaba lo nuevo? Cuando seas adulto, una parte de lo que se te pedirá que hagas utilizando lo que has aprendido en la escuela es crear esa sensación de "novedad" para los demás. Ejercitar tus ideas cuando participas en las artes te ayudará a mantener un estado mental creativo que te permitirá influir en la sociedad (estudios sociales), utilizando habilidades de resolución de problemas (matemáticas) y tecnología (ciencias). ¿Ves ahora por qué creo que las artes están infravaloradas? Con las artes también puedes utilizar habilidades de otras asignaturas.

¿Y AHORA QUE?

✐ ¡A Comenzar!

Puede que te preguntes, con toda esta información compartida, ¿qué vas a hacer ahora? ¿Empezar ya? Respuesta corta: sí. Pero lo más importante es que los temas que acabamos de tratar te muestran el tipo de información que está disponible y te explican lo que estos temas pueden hacer realmente por ti. Saber la verdad sobre un tema y cómo utilizarlo para ti le da más sentido, ¿no crees? La escuela puede aburrirte muy rápidamente si vas a la escuela sólo por ir.

Explora todas las áreas que te ofrece el currículo escolar y haz preguntas a los profesores y orientadores que te ayuden a comprender mejor la materia (¡para eso están!). No te dejes intimidar en absoluto por la asignatura. Si decides no profundizar en la asignatura después de cumplir los requisitos escolares mínimos, asegúrate de que es una elección basada en las conclusiones que saques de fuentes bien informadas y de tu propio proceso de pensamiento y no porque tengas miedo de la asignatura basándote en las falsas percepciones de tus compañeros. Piensa en los rumores que veías correr por el colegio y que sabías que no eran ciertos sobre ti o sobre otra persona. Seguro que querías que la gente oyera la verdad para que tus compañeros no se hicieran una idea equivocada de ti. La misma idea se aplica a la hora de emitir juicios sobre un tema y cómo afecta a las cosas que te gustan. Asegúrate de obtener la verdad y no te lleves una impresión equivocada de una asignatura o clase basándote en los rumores de tus compañeros. Recuerda que este periodo de tiempo está pensado para prepararte a tomar decisiones de adulto. Tomar decisiones basadas en hechos reales es el método que utilizan los adultos para asegurarse de que están tomando las mejores decisiones para sí mismos y para sus seres queridos. Pronto, tú serás el siguiente en tomar estas decisiones y serás más que capaz de superar lo que los adultos de generaciones pasadas han logrado. ¿Por qué? Sencillamente porque la información que se le suministra a esta edad no estaba tan al alcance de las generaciones pasadas.

Ahora es el momento de aprovechar toda la información que tienes a tu disposición para que puedas desarrollar tu capacidad personal hasta un nivel en el que realmente puedas ser innovador y hacer cambios que afecten al mundo de forma positiva. Al igual que un ordenador se descarga con una tonelada de memoria, o un abogado construye un caso para el tribunal, con el fin de prepararse para tener el impacto que desea, lo mejor es construir una gran base de conocimiento que se puede construir tanto dentro como fuera del aula. Escuchando a los adultos (padres, profesores y líderes actuales) y aprendiendo de sus logros y de sus errores (sí, los adultos cometen errores, ¡muchos!), verás lo que hace falta para responder a las necesidades de los demás y conocer la verdad por ti mismo.

✐ ¿Escuchar Qué?

Escuchar es uno de los aspectos más positivos que separan a los grandes líderes de los grandes ejecutores. Un gran ejecutor puede hacer bien un determinado trabajo. Los grandes ejecutores hacen un gran trabajo en la gestión de tareas. Por otro lado, un líder entiende lo que se necesita para ejecutar y proporciona la visión que permite a los ejecutores realizar su trabajo. Los líderes influyen más en el funcionamiento de las cosas porque tienen lo necesario para comunicar a los ejecutores lo que se necesita para generar la visión. Lo que hace especial a un líder es su capacidad para escuchar y comprender lo que la gente necesita. Los líderes son creativos (¡habilidades aprendidas en las artes!) solucionadores de problemas (¡habilidades matemáticas!) que saben cómo aunar ideas en beneficio de los demás (¡ciencias y estudios sociales!). Los ejecutores no tienen que centrarse tanto en mantener y construir su comprensión después de que se les informe de la tarea. Como los ejecutores están tan centrados en la tarea, no pueden hacer cambios positivos porque no entienden lo que la gente necesita. Como estudiante, quieres centrarte en ser un líder porque el líder siempre está pensando en qué más se puede aprender para que se puedan hacer más cambios.

Por ejemplo, los profesores. Lo que hace tan especiales a los profesores es que saben lo que hace falta para sacar lo mejor de sus estudiantes, para que éstos puedan mostrar su creatividad haciendo cosas que nunca se han hecho antes y mejor que nunca. Los profesores aprenden de sus estudiantes, lo que les convierte en mejores profesores en el futuro. Esto significa que tanto los profesores como los estudiantes tienen una experiencia de aprendizaje mientras están en el aula. Dicho de otro modo, el profesor es en realidad el estudiante principal de la clase. Como el mundo cambia constantemente y cada día surgen nuevas ideas, un profesor no puede enseñar de la misma manera dentro de cinco años que hoy. El mundo habrá cambiado demasiado radicalmente. Los profesores son grandes ejemplos de liderazgo porque miran dónde están las necesidades de los estudiantes. Mediante la creatividad y la resolución de problemas, los profesores construyen entornos en el aula que permiten a los estudiantes ejercitar sus propias capacidades para cambiar el mundo.

"¿Y ahora qué?" consiste en aprovechar la oportunidad actual para tomar conciencia del mundo que te rodea. Al hacerlo, te proporcionas a ti mismo lo que necesitas para hacer los cambios que consideres oportunos en tu entorno social. Descuidar esta oportunidad pone el control de tus decisiones en manos de otra persona, lo que le dará la capacidad de tomar decisiones en tu nombre. ¿Qué prefieres?

¿Y AHORA QUE SIGUE?

¡Aquí estamos! Hemos hablado de cómo, como estudiantes, podemos tomar la información y analizarla de una forma que se ajuste a lo que vemos y a cómo pensamos. La motivación para aprender y crecer académicamente ha alcanzado un nuevo nivel. Ahora están preparados para... ¿qué? Exactamente. ¿Qué sigue después de haber aprendido todas estas habilidades? Has aceptado el reto de aprender a resolver ecuaciones, cómo los acontecimientos y las decisiones cambiaron la historia, incluso cómo la penicilina sigue siendo la cura para casi todo (bueno, casi todo). ¿Y ahora qué sigue?

¿Recuerdas que seguimos insistiendo en la idea de controlar tu propia vida y tomar decisiones por ti mismo? Ahora llega ese momento. Después de aprender las asignaturas que ofrecen los sistemas escolares y de construir una base de conocimientos que te permita influir en el cambio, lo siguiente son las decisiones que tomes para entender en qué destacas y qué te apasiona hacer fuera de la escuela. Tener un gran interés por una materia es importante para sacar lo mejor de ti en un determinado trabajo o carrera fuera de la escuela. La música, el arte, la ingeniería y la ciencia, el derecho, la construcción y la educación se basan en las ideas básicas que estás aprendiendo ahora. Hacer preguntas basadas en tu curiosidad es importante para decidir la carrera que quieres para ti. Incluso puedes encontrar nuevas ocupaciones (espíritu emprendedor) basadas en lo que ves que se necesita en la sociedad a partir de tus propias experiencias en casa o mientras vas a la escuela. El objetivo del aprendizaje es aplicar lo que sabes para poder mejorar el mundo. Comprende que lo que está escrito en los libros ya se ha hecho. El mundo siempre tendrá ejecutores que mantengan los descubrimientos actuales, pero lo más importante es que la sociedad necesita líderes que lleven lo que se está haciendo ahora a un nuevo nivel de innovación y descubrimiento. Aquí es donde entras tú. Comprende el "mundo real" que te rodea y da forma a tus objetivos y sueños dentro de él. No descuides los recursos que te rodean para luego ver si estás preparado para el "mundo real". Construye estas habilidades dentro de ti y averigua si el "mundo real" está preparado para ti. Ten por seguro que te sorprenderá el resultado.

Referencia

Greenspan, B. (1997). *La guía de los olímpicos para ganar el juego de la vida.* Santa Monica, CA: General Publishing Group.

ACERCA DEL AUTOR

Alcott Germany II, es un profesional experimentado a la hora de presentar soluciones sencillas a problemas complejos. Cuando Alcott comparte ideas, prefiere utilizar imágenes vívidas e historias que conecten con su audiencia. Este enfoque le ha reportado logros personales y de equipo como ingeniero, director de logística y vicepresidente en múltiples industrias y empresas de Fortune 500.

Alcott se licenció en Ciencias Económicas por la Universidad de Detroit Mercy y obtuvo un máster en Planes de Estudio e Instrucción por la Universidad de Phoenix. Durante su estancia en la Universidad de Phoenix, Alcott desarrolló un método de aprendizaje centrado en el estudiante que permite a los estudiantes adquirir conocimientos en el aula mediante el trabajo en equipo y la participación activa. Posteriormente, Alcott utilizó este método para crear una herramienta en línea que ayudará a los profesores a impartir en sus aulas un aprendizaje centrado en el estudiante.

Durante su carrera, Alcott trabajó en varias empresas, como Lear Corporation, Henkel Surface Technologies, DuPont Automotive, Procter & Gamble, AT&T, BASF y Rocket Companies. En la actualidad, Alcott es propietario de Instructional Design Solutions, LLC, una empresa que se centra en el diseño de sistemas, el desarrollo del liderazgo y la excelencia operativa para grandes y pequeñas empresas, escuelas y organizaciones sin ánimo de lucro.

Durante veinte años, el impacto de Alcott como respetado líder comunitario, estudiante y profesor ha llegado a varias comunidades, abarcando lugares que incluyen Detroit, MI, el suroeste de Georgia, Atlanta, GA, y Ontario, Canadá. Siempre tendrá pasión por apoyar a las escuelas, las comunidades y los innovadores a través del diseño creativo, la colaboración y la oratoria.